Köstliche Wild- & Geflügelgerichte

area

Köstliche Wild- & Geflügelgerichte

Autorin: Gisela Muhr für NOVA Libra medien, Köln
Einbandgestaltung: Derek Gotzen für NOVA Libra medien, Köln
Layout & Satz: Derek Gotzen und Ulrike Jasser für NOVA Libra medien, Köln

Druck und Bindung: Reálszisztéma, Dabas

Printed in Hungary 2005

ISBN 3-89996-308-3

www.area-verlag.de

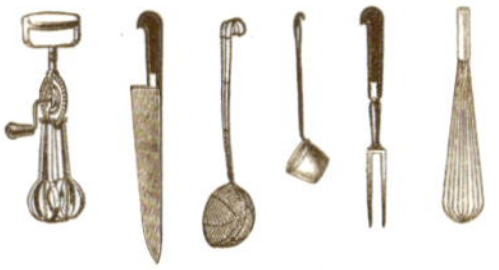

Inhalt

Einleitung

Wildbret (Wildfleisch) – gesund und äußerst schmackhaft!

Die Lebensweise des Wildes in der freien Natur, seine uneingeschränkte Bewegungsfreiheit und seine abwechslungsreiche Nahrung aus Kräutern und Gräsern sind unmittelbar für den Wohlgeschmack des Wildfleisches verantwortlich. Wildfleisch kommt direkt aus der Natur und ist schmackhaft, nährstoffreich und kalorienarm, fettarm und gesund. Neben dem Fisch gehört das Wildbret zu den eiweißreichsten Fleischarten.
Sein Proteingehalt übertrifft in der Regel den des Fleisches unserer Schlachttiere. Wildbret hat einen sehr geringen Fettanteil. Daher ist Wild sehr cholesterinarm. Fett tritt zwar als Geschmacksträger auf, doch es genügt ein Anteil von ein bis zwei Prozent, um diese Eigenschaft voll wirksam werden zu lassen. Gerade darin liegt einer der wesentlichsten Vorteile des „mageren" Wildbrets.

Top-Wildbretqualität

Gewissenhafte Jäger und Wildbrethändler legen sich bei der Vermarktung von Wildfleisch die Latte sehr hoch. Wenn Sie

Wildfleisch in Topqualität beim Jäger oder Wildbrethändler kaufen, können Sie also sicher sein, dass folgender Standard eingehalten wurde: Sie erhalten nur gesundes, nicht gehetztes, gut genährtes Wild aus freier Wildbahn, das fachgerecht erlegt wurde, binnen kürzester Zeit fachmännisch „aufgebracht" und in die Kühlkette gebracht wurde. Wilbret ist gut gekühlt lange haltbar. Damit die Fleischqualität erhalten bleibt, ist es erforderlich, beim Einfrieren die Lagertemperatur von mindestens –18 °C rasch zu erreichen. Das Auftauen muss sehr langsam erfolgen, damit es einen möglichst geringen Saftverlust gibt.

Keine Angst vor der Zubereitung von Wildbret

Sie können es grundsätzlich so zubereiten, wie Sie es von anderem Fleisch gewohnt sind! Der Rücken wird im Ganzen gebraten, gespickt oder mit Speck umwickelt. Es können aber auch Steaks oder Medaillons daraus zubereitet werden. Keulen werden entweder im Ganzen gebraten oder zu Schnitzeln geschnitten. Schulter ist besonders geeignet zum Braten, aber auch für Wildgeschnetzeltes und Gulasch. Hals, Brust und Bauch eignen sich für Gulasch, Wildsuppen und Pasteten.

Hier einige Tipps, die Ihnen bei der Zubereitung der in diesem Buch beschriebenen Rezepte nützlich sein können:

Durch die Frische und Qualität des Wildes ist ein Beizen (Einlegen) des Wildbrets kaum nötig! Grundsätzlich können alle vom Rind und Schwein bekannten Zubereitungsformen auch beim Wild angewendet werden: Braten, Dünsten, Schmoren und Grillen. Zarte Teilstücke (Rücken, Keule) können bei niedriger Temperatur (110 °C bis 120 °C) langsam zartrosa gebraten werden. Wildbraten, Ragouts oder Gulasch bei geringer Hitze langsam und gut durchgaren. Wildbret kann in der Gefriertruhe ohne Qualitätsverlust 12 bis 24 Monate gelagert werden. Das marinierte, gebeizte Fleisch vor dem Braten immer gut trockentupfen, da feuchtes Fleisch beim Braten keine Farbe annimmt. Die in diesem Buch beschriebenen Angaben zum Würzen können je nach Geschmack auch variiert werden. Wer den typischen Wildgeschmack bevorzugt, kann die Mengen an Gewürzen individuell verringern. Ein wenig Rotwein, Pfeffer und Salz sind oftmals ausreichend für Wildgenuss pur.

Beize & Marinaden

Beize
z. B. für Wildschweinbraten

500 ml Buttermilch
6 Wacholderbeeren
1 Lorbeerblatt
6 Pfefferkörner
4 Pimentkörner
Etwas Zitronensaft
125 ml Rotwein

Das Fleisch sollte für mindestens 24 Stunden in der Beize liegen.

Beize
z. B. für Hirschbraten

500 ml Rotwein
300 ml Wasser
2 Zwiebeln
(geschält und in Ringe geschnitten)
1 Lorbeerblatt
8 Wacholderbeeren
1 Bund Thymian

**Das Ganze kurz aufkochen und abkühlen lassen.
Das Fleisch für 2 Tage einlegen.**

Beize
z. B. für Hasenpfeffer

250 ml Weißweinessig
250 ml Wasser
1 Zwiebel
10 Pfefferkörner
3 Nelken
(die Nelken in die Zwiebel spicken)
2 Lorbeerblätter
5 Wacholderbeeren
Je ¼ Tl Thymian, Koriander, Majoran, Piment

Das Hasenfleisch für 2 Tage in die Beize legen.

Marinade z. B. für Wildgeflügel oder Kaninchen

500 ml Buttermilch
1 Glas Weißwein
½ Lorbeerblatt
2 Nelken
2 Pfefferkörner
1 Tl Thymian

Handelt es sich um ein junges Tier, sollte es nur über Nacht marinieren, ansonsten für 2 Tage.

2. Marinadenvorschlag

125 ml Weißwein
125 ml Weißweinessig (mild)
250 ml Wasser
1 Zwiebel
(geschält und in Ringe geschnitten)
1 Lorbeerblatt
4 Pfefferkörner
1 Tl Thymian
1 Tl Rosmarin

Diese Marinade kurz aufkochen und abkühlen lassen. Das Fleisch auch hier 2 Tage marinieren.

Marinade z. B. für Reh

750 ml Rotwein
1 Zwiebel
(geschält und geviertelt)
1 Knoblauchzehe (gehackt)
1 Lorbeerblatt
4 Nelken
1 Apfel
(in grobe Stücke geschnitten)

Die Marinade 10 Minuten kochen und erkalten lassen. Das Fleisch für 2 Tage einlegen.

Marinade z. B. für Hirsch

750 ml Rotwein
1 Zwiebel
(geschält und in Ringe geschnitten)
1 Knoblauchzehe
(in Scheiben geschnitten)
1 Möhre
(geschält und in Würfel geschnitten)
¼ Sellerieknolle
(geschält und grob in Stücke geschnitten)

Das Fleisch über Nacht einlegen.

Selbstverständlich können Sie das Fleisch auch nur in Buttermilch oder in Rot- oder Weißwein einlegen und die jeweiligen Gewürze (ganz nach Ihrem Geschmack) erst beim Kochen dazugeben.

Um die Geschmacksintensität der Gerichte zu erhöhen, können Sie nach dem Anbraten das Fleisch auch mit der jeweiligen Beize oder Marinade ablöschen. Um den Fleischgeschmack nicht zu übertünchen, empfehlen wir Ihnen jedoch, nur einen Teil der Marinade zu verwenden.

Die Menge der angegebenen Beizen und Marinaden variiert selbstverständlich nach Größe der Fleischmenge.

Rehgerichte

Rehrücken im Speckmantel

Für 4 Personen
Zubereitungszeit: 10 Minuten
Bratzeit: 30 Minuten

Einkaufsliste/Zutaten

1,5 kg Rehrücken
10 Wacholderbeeren
Salz
Pfeffer
150 g dünne Speckscheiben
2 Zwiebeln
2 El Butterschmalz
500 ml Wildfond
1 Becher Crème fraîche
2 El Johannisbeermarmelade

Garnierung

1 El gehackte Petersilie

Vorküche

Das Fleisch waschen, trockentupfen und eventuell von überflüssigem Fett befreien. Die Wacholderbeeren im Mörser zerstoßen und das Fleisch damit und mit wenig Salz und mit Pfeffer einreiben. Die Speckscheiben um den Rehrücken legen. Die Zwiebeln schälen und grob in Würfel schneiden. Den Backofen auf 250 °C vorheizen.

Zubereitung

Das Butterschmalz in einem Bräter erhitzen und das Fleisch kurz darin anbraten. Die Zwiebelstücke und den Wildfond dazugeben und das Ganze im Backofen etwa 20 Minuten garen lassen. Dabei hin und wieder mit dem Bratenfond begießen. Nach der Garzeit, das Fleisch sollte jetzt außen gebräunt und innen zartrosa gefärbt sein, das Fleisch aus dem Bräter nehmen und in Alufolie gewickelt im ausgeschalteten Backofen ruhen lassen. Den Bratenfond durch ein Sieb in einen Topf gießen, aufkochen lassen und mit der Crème fraîche verrühren. Zu einer sämigen Soße reduzieren und mit Salz und Pfeffer würzen. Abschließend die Johannisbeermarmelade einrühren.

Servieren

Den Rehrücken in Scheiben schneiden, auf einer Fleischplatte anrichten und mit der Soße begießen. Die Petersilie darüber streuen und mit Kartoffelknödeln oder Spätzle, Rotkohl oder Rosenkohl servieren.

Merkzettel

Beste Einkaufszeit für Rehfleisch von weiblichen Tieren (Geißen) ist von Oktober bis Februar, das von männlichen Tieren (Böcke) von August bis März.

Marinierter Rehrücken

Für 4 Personen
Zubereitungszeit: 30 Minuten (ohne Wartezeit)
Bratzeit: ca. 50 Minuten

Einkaufsliste/Zutaten

1 kg Rehrücken
500 ml Buttermilch
100 g Speck
1 Möhre
½ Lauchstange
¼ Sellerieknolle
1 Zwiebel
2 El Butterschmalz
450 ml Wildfond
1 Glas Rotwein
Salz
Pfeffer
1 Becher saure Sahne

Garnierung

1 El gehackte Petersilie

Vorküche

Das Fleisch säubern, eventuell von Tierhaaren und Haut befreien und in einem großen, verschlossenen Topf in der Buttermilch für 2 Tage an einem kühlen Ort marinieren lassen. Das Fleisch aus der Milch nehmen, gut trockentupfen und mit einer scharfen Messerspitze in regelmäßigen Abständen möglichst flach die obere Fleischschicht durchstechen. Den Speck in Stifte schneiden und in die durchstochene Fleischschicht spicken. Das Gemüse putzen, schälen, waschen und grob in Stücke schneiden. Den Backofen auf 200 °C vorheizen.

Zubereitung

Das Butterschmalz in einem ausreichend großen Bräter erhitzen und das Fleisch darin kräftig von allen Seiten anbraten. Das Gemüse dazugeben und ebenfalls kurz anschmoren. Mit dem Wildfond ablöschen und im Backofen etwa 50 Minuten schmoren lassen. Dabei hin und wieder mit dem Bratensaft begießen und den Braten eventuell drehen. Das Fleisch aus dem Topf nehmen und in Alufolie gewickelt ruhen lassen. Den Bratensaft in einen zweiten Topf durch ein Sieb passieren, den Rotwein dazugeben, aufkochen lassen und mit Salz und Pfeffer würzen. Die Hitze reduzieren und die saure Sahne unterrühren.

Servieren

Den Braten im Ganzen auf eine Fleischplatte legen, mit der Petersilie bestreuen und die Soße getrennt servieren. Dazu Kartoffelknödel und Apfelrotkohl reichen.

Merkzettel

Das Spicken geht wesentlich einfacher, wenn Sie dazu eine Spicknadel verwenden.

Rehgulasch mit Preiselbeersoße

Für 4 Personen
Zubereitungszeit: 30 Minuten (ohne Wartezeit)
Bratzeit: 1 ½ Stunden

Einkaufsliste/Zutaten

Für die Marinade

10 Wacholderbeeren
10 Pfefferkörner
1 Thymianzweig
1 Rosmarinzweig
500 ml Rotwein

Für das Gulasch

1 kg Rehschulter
2 kleine Möhren
¼ Sellerieknolle
1 Porreestange
2 mittelgroße Zwiebeln
2 El Butterschmalz
Salz
Pfeffer
1 Glas Wildfond
1 Becher Schlagsahne
50 g geeiste Butter
4 El Wildpreiselbeeren (aus dem Glas)

Garnierung

1 El Wildpreiselbeeren

Vorküche

Aus den Gewürzen und dem Rotwein eine Marinade herstellen. Das Fleisch gründlich waschen, trockentupfen, von überflüssigem Fett und Hautresten befreien und in mundgerechte Gulaschstücke schneiden. Die Fleischstücke in die Marinade legen und im Kühlschrank mindestens 24 Stunden marinieren lassen. Die Möhren und Sellerie schälen, waschen und in kleine Stücke schneiden. Die Porreestange von den äußeren Blättern befreien, gründlich waschen und in feine Ringe schneiden. Die Zwiebeln schälen und in kleine Würfel schneiden.

Zubereitung

Die Fleischstücke aus der Marinade nehmen und gut trockentupfen, die Marinade beiseite stellen. Das Butterschmalz in einem großen Topf erhitzen und das Fleisch darin kräftig anbraten. Die Hitze reduzieren, mit Salz und Pfeffer würzen, das Gemüse dazugeben und leicht anrösten. Das Ganze mit der Hälfte der Marinade ablöschen und bei geschlossenem Deckel etwa 60 Minuten köcheln lassen. Wenn die Flüssigkeit eingekocht ist, die restliche Marinade dazugießen. Nach der Garzeit, die Marinade sollte jetzt fast vollständig eingekocht sein, den Wildfond zugießen und nochmals etwa 30 Minuten garen lassen. Dann die Gulaschstücke mit Hilfe einer Schaumkelle aus dem Topf nehmen und in Alufolie gewickelt ruhen lassen. Den Bratensaft durch ein Sieb in einen zweiten Topf gießen und mit Salz und Pfeffer abschmecken. Die Sahne unterrühren und mit der geeisten Butter binden. Die Fleischstücke in den Topf geben und abschließend die Preiselbeeren einrühren.

Servieren

Das Rehgulasch in eine Terrine füllen und die restlichen Wildpreiselbeeren mit einem Teelöffel als Garnierung darauf setzen. Dazu Nudeln oder Kroketten servieren.

Merkzettel

Das Fleisch portionsweise anbraten. Zu viel Fleisch auf einmal anzubraten bedeutet zu viel Flüssigkeit, und das Fleisch wird nicht kräftig genug gebraten, sondern nur geschmort, schließt dadurch nicht die Poren und wird zäh.

Rehmedaillons mit Pfeffersoße

Für 4 Personen
Zubereitungszeit: 10 Minuten
Bratzeit: 15 Minuten

Einkaufsliste/Zutaten

1 kg ausgelöstes Rehrückenfleisch
Salz
Pfeffer
2 El Butterschmalz
500 ml Wildfond
1 Becher Schlagsahne
2 cl Sherry
2 El grüner Pfeffer (aus dem Glas)

Garnierung

Einige Petersiliensträußchen

Vorküche

Das Fleisch waschen, trockentupfen und in doppelt fingerdicke Medaillons schneiden. Mit den Fingern leicht andrücken und mit Salz und Pfeffer würzen.

Zubreitung

In einer großen Pfanne das Butterschmalz erhitzen und die Medaillons darin von beiden Seiten kräftig anbraten. Die Hitze reduzieren und das Fleisch etwa 5 Minuten „brutzeln" lassen. Die Fleischstücke aus der Pfanne nehmen und in Alufolie gewickelt ruhen lassen. Den Wildfond in den Bratensatz gießen und aufkochen lassen. Die Sahne, den Sherry und den grünen Pfeffer dazugeben. Das Ganze bei mittlerer Hitze zu einer sämigen Soße einkochen lassen. Mit Salz abschmecken.

Servieren

Das Fleisch auf einer Platte anrichten und mit der Pfeffersoße begießen. Mit den Petersiliensträußchen garnieren und dazu Kartoffelkroketten servieren.

Merkzettel

Sie können dieses Gericht anstelle von Rehfleisch auch mit Hirschrücken zubereiten.

Rehnüsschen mit Pfifferlingen und Cashewkernen

Für 4 Personen
Zubereitungszeit: 30 Minuten
Bratzeit: 15 Minuten

Einkaufsliste/Zutaten

4 Rehnüsschen (je 180 g)
150 g frische Pfifferlinge
1 Schalotte
100 g magerer geräucherter Speck
½ Bund Petersilie
60 g ungesalzene Cashewkerne
2 El Butterschmalz
Salz
Pfeffer
1 ½ Gläser Rotwein
1 Becher Crème fraîche

Garnierung

Einige Chashewkerne

Vorküche

Das Fleisch waschen und gut trockentupfen. Die Pfifferlinge putzen und gegebenenfalls die großen Pilze klein schneiden. Die Schalotte schälen und in feine Würfel schneiden. Den Speck ebenfalls in kleine Würfel schneiden. Die Petersilie gründlich waschen, trockenschütteln und fein hacken. Die Cashewkerne in der Küchenmaschine nicht zu fein hacken.

Zubereitung

1 El Butterschmalz in einem Bräter erhitzen und die Nüsschen darin kräftig von allen Seiten anbraten. Mit Salz und Pfeffer würzen, die Hitze reduzieren und mit dem Rotwein ablöschen. Das Fleisch etwa 10 Minuten köcheln lassen, dann aus dem Topf nehmen und auf einem Teller mit Alufolie bedeckt warm stellen, ruhen lassen (mindestens 10 Minuten). In einer Pfanne das restliche Butterschmalz erhitzen und die Schalotte darin glasig anbraten. Den Speck dazugeben und ebenfalls anrösten. Dann die Pfifferlinge dazugeben und kurz dünsten lassen. Das Ganze mit dem Bratensaft begießen und kurz aufkochen lassen. Die Hitze wieder reduzieren, die Petersilie dazugeben und die Crème fraîche einrühren. Mit Salz und Pfeffer abschmecken.

Servieren

Die Rehnüsschen auf einer Fleischplatte anrichten, mit den Pfifferlingen belegen, die gehackten Cashewkerne darüber streuen und mit den ganzen Cashewkernen garniert servieren.

Merkzettel

Dieses Gericht können Sie auch mit anderen Nüssen, z. B. Walnüssen, zubereiten.

Rehragout

Für 4 Personen
Zubereitungszeit: 25 Minuten
Bratzeit: 1 Stunde

Einkaufsliste/Zutaten

1 kg Rehfleisch aus der Schulter
1 Zwiebel
50 g Speck
2 El Butterschmalz
750 ml Wildfond
1 Glas Rotwein
Salz
Pfeffer
5 Wacholderbeeren
6–8 Pfefferkörner
1 Lorbeerblatt
50 g geeiste Butter

Garnierung

1 El gehackte Petersilie

Vorküche

Das Fleisch waschen, trockentupfen und in mundgerechte Stücke schneiden. Die Zwiebel schälen und in Würfel schneiden. Den Speck in Würfel schneiden.

Zubereitung

Das Butterschmalz in einem großen Topf erhitzen und das Fleisch darin kräftig anbraten. Die Zwiebel und die Speckwürfel dazugeben und kurz mit anbraten. Mit Wildfond und Rotwein ablöschen, die Gewürze dazugeben und das Ganze bei geschlossenem Deckel und bei mittlerer Hitze etwa 60 Minuten schmoren lassen. Die Fleischstücke mit Hilfe einer Schaumkelle aus dem Topf nehmen, den Bratenfond durch ein Sieb in einen Topf gießen, kurz aufkochen lassen und mit der geeisten Butter binden. Eventuell nochmals mit Salz und Pfeffer abschmecken. Das Fleisch wieder zurück in die Soße geben.

Servieren

Das Rehragout in eine Terrine füllen, mit der Petersilie bestreuen und dazu Spätzle servieren.

Merkzettel

Dieses Ragout schmeckt besonders gut, wenn Sie frische Pfifferlinge oder andere Waldpilze zufügen.

Rehrücken im Petersilienmantel

Für 4 Personen
Zubereitungszeit: 30 Minuten
Bratzeit: ca. 1 Stunde

Einkaufsliste/Zutaten

1 Rehrücken (etwa 1 kg)
60 g Butter
Salz
Pfeffer
2 El Rosmarinnadeln
2 große Bund Petersilie
1 Zwiebel
200 ml Wildfond
2 El Dijonsenf
1 Glas Rotwein
100 g geeiste Butter

Garnierung

Einige Petersiliensträußchen

Vorküche

Den Rehrücken waschen, gut trockentupfen und mit Butter bestreichen. Mit Salz, Pfeffer und Rosmarinnadeln bestreuen. Die Petersilie gründlich waschen, trockentupfen und fein hacken. Die Zwiebel schälen und fein hacken. Den Backofen auf 200 °C vorheizen.

Zubereitung

Den Rehrücken in einen großen Schmortopf legen, Wildfond angießen und im Backofen etwa 50 Minuten schmoren lassen, dabei hin und wieder mit dem Bratensaft begießen. Nach Ablauf der Garzeit das Fleisch aus dem Topf nehmen, mit Dijonsenf bestreichen und in der Petersilie wälzen, sodass sich eine dicke Schicht bildet. Den Rost mit Alufolie bedecken und das Fleisch darauf nochmals in den Backofen schieben, um die Kruste auszubacken. Zwischenzeitlich den Bratensaft loskochen, die Zwiebel dazugeben und leicht andünsten. Mit Rotwein ablöschen und etwas einkochen lassen. Mit der geeisten Butter binden und abschließend mit Salz und Pfeffer abschmecken. Das Fleisch vom Knochen lösen und in Stücke schneiden.

Servieren

Auf einer Fleischplatte die Soße als Spiegel anrichten und die Rehfleischstücke darauf setzen. Mit Petersiliensträußchen garnieren und mit kleinen gerösteten Kartoffeln servieren.

Merkzettel

Wenn Ihnen die geeiste Butter zu fetthaltig ist, können Sie die Soße auch mit Mehl binden.

Rehschnitzel mit Sahnesoße

Für 4 Personen
Zubereitungszeit: 15 Minuten
Bratzeit: 6 Minuten

Einkaufsliste/Zutaten

1 kg Rehfilet
Salz
Pfeffer
1 Tl Senf
3 El Mehl
2 El Butterschmalz
100 ml Wildfond
1 Becher Schlagsahne
1 El gehackte Petersilie

Vorküche

Das Fleisch waschen, trockentupfen und in fingerdicke Scheiben schneiden. Die Fleischscheiben mit Salz, Pfeffer und Senf einreiben und im Mehl wenden. Das überschüssige Mehl von den Schnitzeln abklopfen.

Zubereitung

Das Butterschmalz in einer großen Pfanne erhitzen und die Schnitzel darin auf beiden Seiten jeweils etwa 3 Minuten braten. Das Fleisch sollte innen noch rosa sein. Das Fleisch in Alufolie wickeln und ruhen lassen. In dem Bratensatz den Wildfond und die Sahne aufkochen und bei mittlerer Hitze etwas einkochen lassen. Mit Salz und Pfeffer würzen.

Servieren

Die Schnitzel auf einer Fleischplatte anrichten und mit der heißen Soße begießen. Mit der Petersilie garnieren. Dazu Kartoffelkroketten oder Spätzle und Preiselbeerkompott reichen.

Merkzettel

Wildfleisch besitzt weniger Fett, ist dafür aber reich an Eiweiß und enthält viele wertvolle Mineralstoffe, die es appetitanregend, blutbildend und leicht verdaulich machen.

Hirschgerichte

Hirschbraten

Für 4 Personen
Zubereitungszeit: 35 Minuten (ohne Wartezeit)
Bratzeit: ca. 1 ¼ Stunden

Einkaufsliste/Zutaten

Für die Beize

2 Zwiebeln
500 ml Rotwein
1 Lorbeerblatt
8 Wacholderbeeren
1 Bund Thymian

Für den Braten

1,5 kg Hirschbraten aus der Keule
Salz
Pfeffer
2 El Butterschmalz
1 Möhre
1 kleine Lauchstange
¼ Sellerieknolle
1 El Tomatenmark
250 ml Wildfond
1 Becher Schlagsahne
2–3 El geeiste Butter

Garnierung

1 El gehackte Petersilie

Vorküche

Die Zwiebeln schälen und grob in Stücke schneiden. Den Rotwein mit 300 ml Wasser, den Gewürzen und den Zwiebelstücken in einem Topf kurz aufkochen lassen. Die Beize erkalten lassen und das Fleisch darin im Kühlschrank für 2 Tage beizen lassen. Das Gemüse schälen, waschen und grob in Würfel schneiden. Den Backofen auf 200 °C vorheizen.

Zubereitung

Das Fleisch aus der Beize nehmen, gut trockentupfen und mit Salz und Pfeffer würzen. Die Marinade beiseite stellen. In einem großen Bräter das Butterschmalz erhitzen und das Fleisch darin von allen Seiten kräftig anbraten. Die Hitze reduzieren, das Gemüse dazugeben und kurz anbraten. Das Tomatenmark einrühren, kurz mit anrösten und das Ganze mit dem Wildfond und der Marinade ablöschen und kurz aufkochen lassen. Im Backofen bei geschlossenem Deckel etwa 60 Minuten garen lassen. Dabei hin und wieder mit dem Bratensaft begießen. Den Hirschbraten aus dem Bräter nehmen und in Alufolie gewickelt ruhen lassen. Den Bratenfond durch ein Sieb in einen Topf passieren. Die Sahne dazugeben und alles leicht einkochen lassen. Abschließend mit der geeisten Butter binden und mit Salz und Pfeffer abschmecken.

Servieren

Den Hirschbraten in Scheiben schneiden, auf einer Fleischplatte anrichten und mit der Soße begießen. Mit der gehackten Petersilie bestreut servieren. Dazu Apfelrotkohl und Kartoffelklöße reichen.

Merkzettel

Wenn Sie eine Fleischgabel ohne Widerstand leicht in den Braten einstechen können und ein Tropfen klarer Fleischfond austritt, ist das Fleisch gar.

Hirschfilet in Blätterteig

Für 4 Personen
Zubereitungszeit: 50 Minuten
Bratzeit: 35 Minuten

Einkaufsliste/Zutaten

1 Paket Blätterteig (tiefgekühlt)
1 kg Hirschfilet
Salz
Pfeffer
500 g Pfifferlinge
2 Zwiebeln
1 Knoblauchzehe
1 Bund Petersilie
2 El Butterschmalz
½ Becher Schlagsahne
2 Eigelbe

Garnierung

Einige Petersiliensträußchen

Vorküche

Den Blätterteig aus der Packung nehmen und antauen lassen. Das Fleisch gründlich waschen und gut trockentupfen. Eventuell von überflüssigem Fett befreien und mit Salz und Pfeffer einreiben. Die Pilze gründlich putzen und in kleine Stücke schneiden. Die Zwiebeln schälen und in feine Würfel schneiden. Die Knoblauchzehe pellen und durch die Knoblauchpresse drücken. Die Petersilie gründlich waschen, trockenschütteln und fein hacken. Den Backofen auf 200 °C vorheizen.

Zubereitung

In einem großen Topf das Butterschmalz erhitzen und das Fleisch darin von allen Seiten kräftig anbraten. Das Fleisch aus dem Topf nehmen und in Alufolie gewickelt ruhen lassen. Die Zwiebel in den heißen Topf geben und goldgelb anbraten lassen. Dann die Pfifferlinge dazugeben, ebenfalls kurz anbraten, Petersilie einrühren und mit Knoblauch, Salz und Pfeffer würzen. Die Sahne angießen und kurz aufkochen. Die Pilzmischung abkühlen lassen. Zwischenzeitlich die Blätterteigblätter auf eine bemehlte Arbeitsfläche legen, die Ränder mit etwas Eigelb bestreichen, miteinander verbinden, andrücken und etwas ausrollen. Die erkaltete Pilzmischung zur Hälfte auf die Mitte der Fläche verteilen, das erkaltete Fleisch darauf setzen, die restlichen Pilze auf das Fleisch legen. Den Blätterteig über dem Fleisch und an den Seiten einschlagen und miteinander verbinden. Überschüssige Teigmasse abschneiden und eventuell als Verzierung (Kreise, Blätter o. Ä.) auf den Blätterteig setzen. Eigelb mit etwas Wasser vermischen und den Blätterteig damit vollständig bestreichen. Den Braten auf ein Backblech setzen und im Backofen etwa 35 Minuten braten lassen.

Servieren

Das Hirschfilet in Blätterteig auf eine große Fleischplatte setzen und mit den Petersiliensträußchen garniert servieren. Dazu frischen grünen Salat oder Gemüse der Saison reichen.

Merkzettel

Wer es etwas herzhafter mag, kann der Pilzmischung angeröstete Speckwürfel beimischen.

Hirschgulasch mit Petersilienspätzle

Für 4 Personen
Zubereitungszeit: 40 Minuten (ohne Wartezeit)
Brat- & Kochzeit: ca. 1 ¼ Stunden

Einkaufsliste/Zutaten

Für das Gulasch

1 kg Hirschkeule (ohne Knochen)
1 El Butterschmalz
2 Zwiebeln
1 Tl Majoran
4 Wacholderbeeren
250 ml Rotwein
500 ml Wildfond
60 g geeiste Butter (ersatzweise Soßenbinder)

Für die Spätzle

½ Bund Petersilie
500 g Mehl
2 Eier
50 g geriebener Käse
Salz
30 g Butter

Garnierung

1 Tl gehackte Petersilie
Einige Petersiliensträußchen

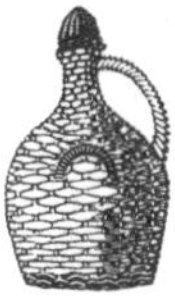

Vorküche

Das Fleisch waschen, trockentupfen und in mundgerechte Stücke schneiden. Die Zwiebeln schälen und grob in Stücke schneiden. Für die Spätzle zuerst die Petersilie waschen, trockenschütteln und fein hacken. Mehl in eine Schüssel sieben und in die Mitte eine Mulde drücken. In diese Mulde Eier, Petersilie, Käse, Salz und 250 ml Wasser füllen und mischen. Das Mehl nach und nach dazurühren und den Teig schlagen, bis er glatt ist und Blasen wirft. Den Teig zugedeckt 30 Minuten ruhen lassen.

Zubereitung

In einem großen Bräter das Butterschmalz erhitzen und das Fleisch darin kräftig anbraten. Die Zwiebeln dazugeben und kurz mit anrösten. Die Gewürze einrühren und mit Wein und Wildfond ablöschen. Mit geschlossenem Deckel bei mittlerer Hitze etwa 60–70 Minuten schmoren lassen. Abschließend mit der geeisten Butter binden. Entsprechend vor Ende der Garzeit die Spätzle zubereiten. In einem großen, hohen Topf Salzwasser zum Kochen bringen. Den Teig, mit Hilfe einer Kelle, in einen Spätzlehobel füllen und nach und nach in das sprudelnde Wasser hobeln. Wenn die Spätzle gar sind, steigen sie an die Oberfläche. Mit einer Schaumkelle die Spätzle aus dem Wasser heben und in einem Sieb abtropfen lassen. So fortfahren, bis der gesamte Teig aufgebraucht ist. In einer großen Pfanne die Butter erhitzen und die Spätzle in der heißen Butter schwenken.

Servieren

Das Hirschgulasch in eine Terrine füllen und mit gehackter Petersilie garnieren. Die Spätzle in eine Schüssel füllen, mit Petersiliensträußchen bestreuen und heiß servieren.

Merkzettel

Wenn Sie die Spätzle lieber etwas neutraler im Geschmack haben, lassen Sie den Käse einfach weg.

Hirschkeule in Portwein

Für 4 Personen
Zubereitungszeit: 30 Minuten
Bratzeit: 40–50 Minuten

Einkaufsliste/Zutaten

1 kg Hirschfleisch aus der Keule
8–10 Wacholderbeeren
Jeweils 1 Tl getrockneter Thymian, Majoran, Rosmarin, Salbei
Salz
2 Zwiebeln
1 El Butterschmalz
300 ml Portwein
2 El Wildpreiselbeerkompott
1 Becher saure Sahne
Pfeffer
50 g geeiste Butter

Garnierung

1 Tl Preiselbeerkompott

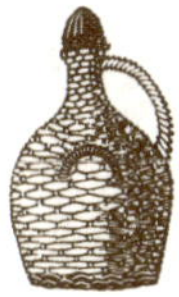

Vorküche

Das Fleisch waschen, gut trockentupfen und eventuell Haar- und Hautreste entfernen. Die Wacholderbeeren im Mörser zerstoßen, mit den Kräutern und etwas Salz vermischen und den Braten damit einreiben. Die Zwiebeln schälen und in Stücke schneiden. Den Backofen auf 200 °C vorheizen.

Zubereitung

Das Butterschmalz in einem ausreichend großen Topf erhitzen und das Fleisch darin von allen Seiten anbraten. Die Zwiebelstücke dazugeben und kurz bräunen lassen. Mit dem Portwein ablöschen und mit geschlossenem Deckel etwa 40 – 50 Minuten im Backofen garen lassen. Dabei den Braten hin und wieder begießen und eventuell etwas heißes Wasser nachgießen. Das Fleisch aus dem Topf heben und in Alufolie gewickelt ruhen lassen. Den Bratensaft durch ein Sieb in einen zweiten Topf gießen, kurz aufkochen lassen und das Wildpreiselbeerkompott sowie die saure Sahne einrühren. Mit Salz und Pfeffer abschmecken. Die Soße mit der geeisten Butter binden. Das Fleisch aus der Folie wickeln und in nicht zu dicke Scheiben schneiden.

Servieren

Die Fleischscheiben auf einer Fleischplatte anrichten, mit etwas Soße begießen und mit dem Preiselbeerkompott garnieren. Die restliche Soße getrennt servieren. Dazu Kartoffelkroketten und Gemüse der Saison reichen.

Merkzettel

Falls der Hirschbraten nicht von einem jungen Tier stammt, empfiehlt es sich, das Fleisch für 2 Tage in Buttermilch zu marinieren.

Ragout aus Hirschfilet

Für 4 Personen
Zubereitungszeit: 25 Minuten
Bratzeit: 10 Minuten

Einkaufsliste/Zutaten

800 g Hirschfilet
1 Zwiebel
150 g Pfifferlinge
3–5 Wacholderbeeren
1 El Butterschmalz
Salz
Pfeffer
500 ml Rotwein
½ Weinglas Sherry
½ Becher Crème fraîche

Garnierung

1 El gehackte Petersilie

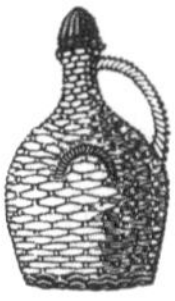

Vorküche

Das Fleisch waschen, gut trockentupfen und in mundgerechte Stücke schneiden. Die Zwiebel schälen und in kleine Würfel schneiden. Die Pfifferlinge putzen und gegebenenfalls klein schneiden. Die Wacholderbeeren im Mörser zerstoßen.

Zubereitung

Das Butterschmalz in einem Topf erhitzen und das Fleisch darin kräftig anbraten, mit Salz und Pfeffer würzen. Das Fleisch herausnehmen und auf einem Teller mit Alufolie bedeckt warm stellen. Zwiebel, Pilze und Wacholderbeeren in dem Bratenfett andünsten und mit dem Rotwein ablöschen. Das Ganze aufkochen lassen und die Soße bei mittlerer Hitze reduzieren. Abschließend mit Sherry verfeinern und Crème fraîche einrühren, gegebenenfalls nochmals mit Salz und Pfeffer abschmecken. Das Fleisch zurück in die Soße geben und heiß werden lassen.

Servieren

Das Ragout aus Hirschfilet in eine Terrine füllen und mit der Petersilie bestreut servieren. Dazu Kartoffelknödel und Gemüse der Saison reichen.

Merkzettel

Sie können dieses Gericht auch mit anderen Wildpilzen zubereiten.

Hirschsteak mit Pfirsichfilets

Für 4 Personen
Zubereitungszeit: 20 Minuten
Bratzeit: ca. 10 Minuten

Einkaufsliste/Zutaten

4 Hirschsteaks
4 Pfirsichhälften (aus der Dose)
2 El Butterschmalz
½ Glas Portwein
Salz
Pfeffer
2 El Crème fraîche
Einige Sahnehäubchen

Vorküche

Das Fleisch waschen und gut trockentupfen. Die Pfirsichhälften in fingerdicke Scheiben schneiden. Den Backofen auf 150 °C vorheizen.

Zubereitung

Das Butterschmalz in einer großen Pfanne erhitzen und die Steaks darin von jeder Seite etwa 2 Minuten braten lassen. Dann das Fleisch auf eine Platte legen, mit Alufolie abdecken und im Backofen warm stellen, ruhen lassen. Den Portwein in den Bratenfond gießen, mit Salz und Pfeffer abschmecken, aufkochen und reduzieren lassen. Dann die Pfirsichfilets dazugeben und die Crème fraîche vorsichtig einrühren. Das Fleisch aus dem Backofen nehmen und erst jetzt mit Salz und Pfeffer würzen.

Servieren

Die Hirschsteaks auf eine Fleischplatte legen, die Pfirsichfilets auf dem Fleisch anrichten, mit der Soße begießen und mit Sahnehäubchen garnieren. Dazu Kartoffelgratin und einen frischen grünen Salat reichen.

Merkzettel

Hirschfilet können Sie selbstverständlich auch mit anderen Soßen servieren.

Wildschweingerichte

Festlicher Wildschweinbraten

Für 4 Personen
Zubereitungszeit: 40 Minuten
Bratzeit: ca. 1 Stunde

Einkaufsliste/Zutaten

Für den Braten

1 kg Wildschweinbraten aus der Keule
Salz
Pfeffer
Je 4 zerstoßene Wacholderbeeren
und Pimentkörner
2 kleine Zwiebeln
2 El Butterschmalz
250 ml Rotwein
250 ml Wildfond
2 Tl Lebkuchengewürz
50 g geeiste Butter

Für die Beilage

4 Williams Christbirnen
(ersatzweise aus dem Glas)
2 El Butter
2 Tl Zucker
1 Glas Portwein

Garnierung

1 El geröstete Mandelblättchen
4 Tl Preiselbeerkompott

Vorküche

Das Fleisch waschen, trockentupfen und mit Salz, Pfeffer und den zerstoßenen Wacholderbeeren und Pimentkörnern einreiben. Die Zwiebeln schälen und in kleine Stücke schneiden. Die Birnen waschen, schälen, halbieren und das Kerngehäuse entfernen.

Zubereitung

Das Butterschmalz in einem großen Topf erhitzen und das Fleisch darin kräftig von allen Seiten anbraten. Die Zwiebeln dazugeben und kurz anrösten. Mit Wein und Fond ablöschen, das Lebkuchengewürz zugeben und bei mittlerer Hitze etwa 60–70 Minuten schmoren lassen. Zwischenzeitlich die Butter in einem Topf sanft erhitzen und den Zucker darin karamellisieren. Mit dem Portwein ablöschen, die Birnen dazugeben und etwa 10 Minuten weich köcheln lassen. Das Fleisch aus dem Topf nehmen und in Alufolie gewickelt ruhen lassen. Den Bratensaft durch ein Sieb gießen, kurz aufkochen lassen und mit der geeisten Butter binden.

Servieren

Den Wildschweinbraten in Scheiben schneiden, auf einer Fleischplatte anrichten, mit der Soße begießen und den Mandelblättchen garnieren. Die Birnen auf eine Platte legen und mit jeweils 1 Tl Preiselbeerkompott füllen. Dazu Kartoffelkroketten und Rotkohl reichen.

Merkzettel

Dieses Gericht können Sie auch mit Hirsch- oder Rehfleisch zubereiten.

Überbackene Wildschweinmedaillons

Für 4 Personen
Zubereitungszeit: 25 Minuten
Bratzeit: ca. 30 Minuten

Einkaufsliste/Zutaten

800 g Wildschweinrücken
300 g Pfifferlinge
1 Bund Petersilie
1 Zwiebel
150 g Parmesan
2 Becher Sahne
1 Becher Crème fraîche
1 El Butterschmalz
200 g Maronen (Fertigprodukt)
1 Glas Rotwein
Salz
Pfeffer

Garnierung

1 El gehackte Petersilie

Vorküche

Das Fleisch waschen, trockentupfen und in Medaillons von je 200 g schneiden. Die Pfifferlinge putzen und je nach Größe klein schneiden. Die Petersilie gründlich waschen, gut trockenschütteln und fein hacken. Die Zwiebel schälen und in feine Würfel schneiden. Den Parmesan reiben. Sahne und Crème fraîche miteinander verquirlen, leicht salzen. Den Backofen auf 200 °C vorheizen.

Zubereitung

Butterschmalz in einer Pfanne erhitzen, die Medaillons darin von beiden Seiten kräftig anbraten. Die Hitze reduzieren, Zwiebel, Pfifferlinge, Maronen und Petersilie dazugeben und kurz mit anrösten. Mit Rotwein ablöschen und mit Salz und kräftig mit Pfeffer würzen. Das Ganze in eine Auflaufform füllen, Parmesan darüber streuen und mit der Sahne begießen. Im Backofen etwa 30 Minuten backen lassen.

Servieren

Die überbackenen Wildschweinmedaillons mit der Petersilie garnieren und in der Auflaufform zu Tisch bringen. Dazu Spätzle oder Kartoffelkroketten servieren.

Merkzettel

Wenn Ihnen der Wildgeschmack zu intensiv ist, legen Sie das Fleisch für 2 Tage in eine Beize oder Marinade ein. Auch sind die Mengenangaben von Pfifferlingen und Parmesan variabel. Nehmen Sie mehr oder weniger – ganz wie Sie mögen.

Wildschwein-Terrine

Für 4 Personen
Zubereitungszeit: 60 Minuten (ohne Wartezeit)
Backzeit: ca. 1 ¼ Stunden

Einkaufsliste/Zutaten

1 kg Wildschweinbraten aus der Keule (ohne Knochen)
300 g Schweineleber
6 Wacholderbeeren
1 Glas Rotwein
1 altbackenes Brötchen (vom Vortag)
1 Tasse Milch
2 Zwiebeln
200 g fetten Speck
Salz
Pfeffer
1 Tl getrockneter Majoran
100 g magerer, geräucherter Speck

Garnierung

Einige Petersiliensträußchen

Vorküche

Den Braten waschen, gut trockentupfen und in Würfel schneiden. Die Schweineleber ebenfalls waschen, trockentupfen, von den Häuten und Röhren befreien und in Würfel schneiden. Die Wacholderbeeren im Mörser zerdrücken und mit dem Rotwein zu dem Fleisch geben und alles gut vermengt etwa 2 Stunden ziehen lassen. Das Brötchen in die Milch legen, einweichen und gut ausdrücken. Die Zwiebeln schälen und grob in Stücke schneiden. Den fetten Speck ebenfalls in Stücke schneiden. Alles zusammen mit dem Fleisch vermengen und durch die feine Scheibe des Fleischwolfs drehen (oder in der Küchenmaschine verarbeiten). Die Mischung mit Salz, Pfeffer und Majoran würzen. Den mageren Speck mit Hilfe einer Schneidemaschine zu dünnen Scheiben schneiden (oder direkt vom Metzger schneiden lassen). Eine Fleischterrine mit den Speckscheiben auslegen, dabei die Speckenden über den Terrinenrand hängen lassen. Die Fleischmasse einfüllen, glatt streichen und die überhängenden Speckscheiben über die Masse legen. Den Backofen auf 200 °C vorheizen.

Zubereitung

In eine Rostbratpfanne etwa 1 ½ l warmes Wasser füllen, die Terrinenform mit Alufolie abgedeckt darauf stellen und im Backofen etwa 80 Minuten backen lassen. Eventuell etwas Wasser nachgießen, da die Form im Wasser stehen muss. Nach der Garzeit die Wildschweinterrine etwa 24 Stunden erkalten lassen und erst kurz vor dem Servieren stürzen.

Servieren

Die Wildschweinterrine auf eine große Platte stürzen und mit Petersiliensträußchen garniert servieren. Dazu einen trockenen Rotwein reichen.

Merkzettel

Das Fleisch von Frischlingen, jungen Tieren im ersten Lebensjahr, ist besonders schmackhaft, und wer den besonderen Wildgeschmack liebt, verzichtet auf eine Beize oder Marinade.

Wildschweinbraten mit Kruste

Für 4 Personen
Zubereitungszeit: 20 Minuten
Bratzeit: ca. 1 ¾ Stunden

Einkaufsliste/Zutaten

1 kg Wildschweinbraten mit Schwarte
Salz
Pfeffer
2 Zwiebeln
1 Möhre
1 kleine Lauchstange
¼ Sellerieknolle
1 Lorbeerblatt
Jeweils 5 Wacholderbeeren und Nelken
300 ml Wildfond
4 El helles Bier
125 ml Rotwein
1 Becher saure Sahne
50 g geeiste Butter

Garnierung

Einige Petersiliensträußchen

Vorküche

Das Fleisch gründlich waschen, trockentupfen und mit Salz und Pfeffer einreiben. Die Zwiebeln schälen und in Stücke schneiden. Das Gemüse putzen, schälen und ebenfalls in Stücke schneiden. Den Backofen auf 200 °C vorheizen.

Zubereitung

Das Gemüse und die Gewürze in einen großen Bräter legen und mit dem Wildfond begießen. Den Braten mit der Schwarte nach unten auf das Gemüse legen und im Backofen etwa 30 Minuten bei Unterhitze braten lassen. Dann den Braten umdrehen und die Schwarte etwa 2 cm tief mit einem scharfen Messer im Schachbrettmuster einschneiden. Zurück in den Backofen schieben, diesmal mit der Schwarte nach oben, und mit Ober- und Unterhitze weitere 60–75 Minuten braten lassen. Dabei hin und wieder mit dem Bratensaft begießen, gegebenenfalls etwas Wasser nachgießen. 30 Minuten vor Ende der Bratzeit die Schwarte mit Bier einreiben und knusprig bräunen lassen (jetzt nicht mehr abgießen). Den Braten aus dem Topf nehmen und warm stellen. Den Bratensaft durch ein Sieb passieren und mit dem Rotwein kurz aufkochen lassen. Die saure Sahne einrühren und nochmals mit Salz und Pfeffer abschmecken. Mit der geeisten Butter binden.

Servieren

Den Wildschweinbraten mit Kruste in Scheiben schneiden, auf einer Fleischplatte anrichten und mit Petersiliensträußchen garnieren. Die Soße getrennt servieren. Dazu Kartoffelknödel oder Kroketten und Gemüse der Saison reichen.

Merkzettel

Nach Geschmack können Sie der Soße etwas Worcestersoße oder Zitronensaft zufügen.

Wildschweinbraten mit Pflaumen und Serviettenknödeln

Für 4 Personen
Zubereitungszeit: 1 Stunde
Bratzeit: 1 Stunde

Einkaufsliste/Zutaten

Für den Braten

1,2 kg Wildschweinkeule (ohne Knochen)
2 Zwiebeln
1 Möhre
¼ Sellerieknolle
1 Apfel (Boskop)
1 El Butter
1 El brauner Zucker
1 Glas Portwein
200 g Backpflaumen
2 El Butterschmalz
500 ml Wildfond
3 Wacholderbeeren (zerstoßen)
Jeweils ½ Tl Thymian und Salbei
Salz
Pfeffer
60 g geeiste Butter
(ersatzweise Soßenbinder)

Für die Serviettenknödel

8 altbackene Brötchen (vom Vortag)
¼ l Milch (lauwarm)
4 Eier
1 Msp. Muskatnuss
Salz
Pfeffer
4 El gehackte Petersilie
30 g Butter

außerdem 1 Leinenserviette oder Küchentuch,
1 Holzlöffel und Bindfaden

Garnierung

Einige Petersiliensträußchen

Vorküche

Das Fleisch waschen und gut trockentupfen, überflüssiges Fett und Hautreste entfernen. Gemüse schälen, waschen und in kleine Stücke schneiden. Apfel ebenfalls waschen, schälen und grob in Stücke schneiden. Die Butter in einem Topf nicht zu stark erhitzen. Den Zucker darin kurz karamellisieren und mit dem Portwein ablöschen. Die Pflaumen dazugeben, etwa 5 Minuten köcheln lassen und beiseite stellen. Für die Knödel die Brötchen in Stücke schneiden. Milch, Eier und Gewürze miteinander verquirlen und mit den Brötchen in eine ausreichend große Schüssel füllen. Die Petersilie in erhitzter Butter kurz anrösten und zu der Masse geben. Alles gut vermischen und mindestens 30 Minuten ruhen lassen.

Zubereitung

Butterschmalz in einem großen Bräter erhitzen und das Fleisch darin kräftig von allen Seiten anbraten. Das Wurzelgemüse dazugeben und kurz mit anrösten. Den Wildfond angießen, die Apfelstücke und Gewürze dazugeben und alles bei geschlossenem Deckel etwa 60 Minuten schmoren lassen. Sollte die Flüssigkeit zu sehr reduzieren, etwas heißes Wasser dazugießen. Für die Soße das Fleisch aus dem Topf nehmen und in Alufolie gewickelt warm halten, ruhen lassen. Den Bratensaft durch ein Sieb in einen zweiten Topf passieren und aufkochen lassen. Mit der geeisten Butter binden, die Pflaumen dazugeben und erwärmen. Entsprechend vor Ende der Fleischzubereitung mit der Arbeit an dem Serviettenknödel beginnen. In einem ausreichend großen bzw. weiten Topf etwa 3–4 l Salzwasser zum Kochen bringen. Die Leinenserviette etwas anfeuchten und mit Butter bestreichen. Die Hände anfeuchten und die Knödelmasse in eine längliche Form rollen. Diese Rolle auf die Serviette legen und locker einschlagen, damit die Masse während des Kochens noch aufgehen kann. Beide Enden mit Bindfaden festbinden und an den Kochlöffel binden. Den Knödel an dieser Befestigung nun vorsichtig in das Wasser legen und bei mittlerer Hitze mit geschlossenem Deckel etwa 50 Minuten garen lassen. Den Serviettenknödel aus dem Topf heben, unter kaltem Wasser abschrecken und abtropfen lassen. Die Leinenserviette entfernen, den Knödel kurz ausdämpfen lassen und in dicke Scheiben schneiden.

Servieren

Den Wildschweinbraten in Scheiben schneiden und auf einer Fleischplatte anrichten. Mit der Soße begießen und mit Petersiliensträußchen garnieren. Die Serviettenknödelscheiben auf eine vorgewärmte Platte legen und heiß servieren.

Merkzettel

Sollte Ihnen die Arbeit mit dem Serviettenknödel zu kompliziert erscheinen, servieren Sie Kartoffelkroketten oder Semmelknödel (beides als Fertigprodukt erhältlich).

Wildhase & -kaninchen

Wildhasenrücken mit Wacholdersoße

Für 4 Personen
Zubereitungszeit: 20 Minuten (ohne Wartezeit)
Bratzeit: 30 – 40 Minuten

Einkaufsliste/Zutaten

Für die Marinade

1 l Buttermilch
1 Glas Weißwein
1 Lorbeerblatt
2 Nelken
4 Pfefferkörner
1 Tl getrockneter Thymian

Für den Hasenrücken

2 Hasenrücken
Salz
100 g Speck
2 El Butterschmalz
1 Möhre
¼ Sellerieknolle
2 Zwiebeln
500 ml Wildfond
4 El Wacholderbranntwein
3 zerstoßene Wacholderbeeren
1 Becher Crème fraîche
Pfeffer

Garnierung

Einige Sahnehäubchen

Vorküche

Die Zutaten für die Marinade in einem Topf mischen. Das Fleisch waschen, gut trockentupfen, in die Marinade legen und über Nacht im Kühlschrank marinieren lassen. Die Hasenrücken aus der Marinade nehmen, gründlich trockentupfen und mit Salz einreiben. Den Speck in Scheiben schneiden und den Hasenrücken damit umwickeln oder nach Wunsch spicken.

Zubereitung

In einem großen Bräter das Butterschmalz erhitzen und die Hasenrücken darin von allen Seiten anbraten. Das Wurzelgemüse dazugeben und kurz anrösten. Mit dem Wildfond ablöschen und bei mittlerer Hitze etwa 30 – 40 Minuten schmoren lassen. Das Fleisch aus dem Topf heben, warm stellen und den Bratensaft durch ein Sieb passieren und kurz aufkochen lassen. Den Branntwein und die Wacholderbeeren dazugeben, die Hitze reduzieren und Crème fraîche einrühren. Eventuell mit Salz und Pfeffer abschmecken.

Servieren

Die Wildhasenrücken im Ganzen auf einer Fleischplatte anrichten und mit den Sahnehäubchen garnieren. Die Soße getrennt servieren. Dazu frische Salzkartoffeln, Rotkohl oder Preiselbeerkompott reichen.

Merkzettel

Der Hase liefert zwischen September und Februar das beste Fleisch.

Wildkaninchenschlegel mit Thymiankartoffeln

Für 4 Personen
Zubereitungszeit: 20 Minuten (ohne Wartezeit)
Koch- & Bratzeit: 25 Minuten

Einkaufsliste/Zutaten

4 – 6 Wildkaninchenschlegel
400 ml Weißwein
800 g fest kochende Kartoffeln
2 El Butterschmalz
Salz
Pfeffer
1 El Thymian
500 ml Sahne
2 El Crème fraîche
50 g geeiste Butter

Garnierung

1 El gehackte Petersilie

Vorküche

Das Fleisch waschen, trockentupfen und von überflüssigem Fett und Hautresten befreien. In eine Schüssel legen, mit 150 ml Weißwein begießen und im Kühlschrank etwa 60 Minuten marinieren lassen. Danach gut trockentupfen. Die Kartoffeln schälen, waschen und in etwa 4 cm große Stücke schneiden.

Zubereitung

Die Kaninchenschlegel im heißen Butterschmalz von allen Seiten kräftig anbraten. Mit Salz und Pfeffer würzen und mit dem restlichen Weißwein ablöschen. Bei mittlerer Hitze etwa 20 Minuten köcheln lassen. Zwischenzeitlich die Kartoffelstücke mit Thymian, Salz und Pfeffer in der Sahne gar kochen. (Vorsicht, die Hitze nicht zu stark werden lassen, da sonst die Sahne ausflockt.) Die Sahne sollte dabei so weit einkochen, dass eine cremige Konsistenz erreicht wird (ähnlich wie bei Kartoffelgratin). Die Schlegel aus der Pfanne nehmen und in Alufolie gewickelt warm halten, ruhen lassen. Den Bratenfond mit Crème fraîche verrühren, kurz aufkochen lassen und mit der geeisten Butter binden.

Servieren

Die Wildkaninchenschlegel auf einer Fleischplatte anrichten, mit der Soße begießen und mit der Petersilie garnieren. Die Thymiankartoffeln in eine Schüssel füllen und zu Tisch bringen. Dazu einen gut gekühlten Weißwein reichen.

Merkzettel

Geben Sie den Kartoffeln etwas Gorgonzola bei, das gibt dem Gericht eine besonders schmackhafte Note.

Hasenbraten

Für 4 Personen
Zubereitungszeit: 15 Minuten
Bratzeit: ca. 1 Stunde

Einkaufsliste/Zutaten

1 ganzer küchenfertiger Hase
100 g Speck
Salz
Pfeffer
2 El Butterschmalz
2 Becher saure Sahne
3 El Weißwein
gegebenenfalls 50 g geeiste Butter
1 El gehackte Petersilie

Vorküche

Den Hasen waschen und gut trockentupfen. Den Speck in Scheiben schneiden. Den Hasen mit Salz und Pfeffer einreiben und die Speckscheiben umbinden. Den Backofen auf 225 °C vorheizen.

Zubereitung

Das Butterschmalz erhitzen. Den Hasen in eine Kasserolle legen und mit dem heißen Fett begießen. Den Topf in den Backofen geben und etwas heißes Wasser angießen. Das Fleisch regelmäßig gut begießen, dabei gegebenenfalls heißes Wasser nachgießen und etwa 65 Minuten weic schmoren lassen. Etwa 30 Minuten vor Ende der Garzeit nach und nach die saure Sahne zugeben. Den Hasen aus dem Topf nehmen und warm stellen. Die Soße mit etwas Weißwein verfeinern und gegebenenfalls mit der geeisten Butter binden.

Servieren

Den Hasen tranchieren und auf einer Fleischplatte anrichten und mit der Soße begießen. Mit der Petersilie bestreut servieren. Dazu Kartoffelkroketten oder Spätzle und Rotkohl servieren.

Merkzettel

Je jünger das Tier, desto kürzer die Garzeit.

Wildgeflügelgerichte

Fasan mit Pflaumensoße

Für 4 Personen
Zubereitungszeit: 25 Minuten
Bratzeit: 45 Minuten

Einkaufsliste/Zutaten

1 Fasan (etwa 1 kg)
Salz
Pfeffer
1 Zwiebel
2 El Butterschmalz
300 ml Wildfond
1 El Pflaumenmus
10 – 15 getrocknete Pflaumen
1 Glas Weißwein
50 g geeiste Butter

Garnierung

1 El geröstete Mandelblättchen

Vorküche

Den Fasan waschen und gut trockentupfen. Mit Salz und Pfeffer einreiben und bridieren, d. h., die Flügel auf den Rücken legen, wenn nötig mit Küchenzwirn befestigen und die Keulen an den Enden fest zusammenbinden. Die Zwiebel schälen und in kleine Würfel schneiden. Den Backofen auf 200 °C vorheizen.

Zubereitung

Den Fasan in einen Bräter setzen. Das Butterschmalz erhitzen und den Fasan damit begießen, die Zwiebelstücke und den Wildfond dazugeben und alles im Backofen etwas 45 Minuten braten lassen, dabei immer wieder begießen und eventuell etwas heißes Wasser nachgießen. Nach Hälfte der Garzeit das Pflaumenmus und die Pflaumen dazugeben. Den Fasan aus dem Bräter nehmen und warm stellen. Den Bratensaft mit dem Weißwein kräftig aufkochen lassen, die Hitze reduzieren und mit der Butter binden. Eventuell mit Salz und Pfeffer nachwürzen.

Servieren

Den Fasan tranchieren und auf einer Fleischplatte anrichten. Einen Teil der Soße über die Fleischstücke geben und mit den Mandelblättchen garnieren. Die restliche Soße getrennt servieren. Dazu frische Bandnudeln und Gemüse der Saison reichen.

Merkzettel

Am besten schmeckt das Fasanenfleisch in der Zeit vom 1. Oktober bis zum 15. Januar. Je junger der erlegte Vogel ist, desto zarter das Fleisch.

Flugentenbrust mit Speckpflaumen und Semmelknödeln

Für 4 Personen
Zubereitungszeit: 1 Stunde
Bratzeit: 40 Minuten

Einkaufsliste/Zutaten

Für die Entenbrust

3 Wildentenbrüste (für gute Esser 4)
Salz
Pfeffer
24 Backpflaumen
24 Scheiben magerer, geräucherter Speck (dünn geschnitten)
24 Zahnstocher
1 Glas Rotwein
50 g geeiste Butter

Für die Semmelknödel

8 – 10 altbackene Brötchen (vom Vortag)
1 Schalotte
3 El gehackte Petersilie
40 g Butter
250 ml Milch
3 Eier
Salz
Pfeffer
1 Msp. Muskatnuss
2 – 3 El Mehl

Garnierung

Einige Petersiliensträußchen

Vorküche

Die Entenbrüste waschen, trockentupfen und an den Seiten von überflüssigem Fett befreien. Dabei sollte die Fettschicht auf der Hautseite belassen werden. Mit Salz und Pfeffer würzen. Die Pflaumen mit den Speckscheiben umwickeln und mit jeweils einem Zahnstocher fixieren. Den Backofen auf 160 °C vorheizen. Die Brötchen in Scheiben schneiden. Die Schalotte schälen und in feine Würfel schneiden. Die Petersilie gründlich waschen und gut trockenschütteln. Diese Zutaten in einer Pfanne mit erhitzter Butter leicht anrösten. In eine Schüssel füllen und mit Milch, Eiern und Gewürzen gut durchkneten und für 20 Minuten ruhen lassen. Bei Bedarf etwas Mehl untermischen. Dann die Hände anfeuchten und aus der Masse gleich große Knödel formen.

Zubereitung

In eine für den Backofen geeignete Pfanne die Entenbrüste von der Fettseite aus kräftig, ohne Zugabe von Bratfett, anbraten. Das Fleisch einmal drehen und auch von dieser Seite anbraten. Mit der Hautseite nach oben im Backofen etwa 30 Minuten garen lassen. 15 Minuten vor Ende der Garzeit die Pflaumenspießchen dazugeben. Das Fleisch aus der Pfanne nehmen und in lufolie gewickelt ruhen lassen. Die Pflaumenspießchen warm stellen. Den Bratensaft loskochen, mit Rotwein aufkochen lassen und mit der geeisten Butter binden. Zwischenzeitlich in einem großen Topf etwa 3 l Wasser zum Kochen bringen. Die Knödel ins sprudelnde Wasser geben, die Hitze reduzieren und die Knödel, je nach Größe, etwa 15 Minuten gar ziehen lassen. Mit einem Schaumlöffel aus dem Wasser heben, kurz abtropfen lassen und in eine Schüssel geben. Das Fleisch in Scheiben schneiden und auf einer Fleischplatte anrichten.

Servieren

Die Flugentenbrustscheiben mit den Pflaumenspießchen umlegen, mit etwas Soße begießen und mit Petersiliensträußchen garnieren. Die Knödel in der Schüssel zu Tisch bringen und mit einem gut temperierten Rotwein servieren.

Merkzettel

ieses Gericht verlangt etwas zeitliche Koordination, für geübte Köche/innen aber kein Problem.

Gefüllter Fasan

Für 4 Personen
Zubereitungszeit: 50 Minuten
Bratzeit: 40 Minuten

Einkaufsliste/Zutaten

Für die Füllung

100 g magerer, geräucherter Speck
150 g Hühnerleber
1 Bund Petersilie
250 g Hackfleisch (halb und halb)
2 Eier
Salz
Pfeffer

Für den Fasan

2 Fasane (küchenfertig)
1 Möhre
1 Lauchstange
¼ Sellerieknolle
1 Petersilienwurzel
2 Schalotten
500 ml Wildfond
2 El Ahornsirup
Butterflöckchen
1 Glas Weißwein
2 El Crème fraîche

Garnierung

4 Tl Preiselbeerkompott

Vorküche

Den Speck in kleine Würfel schneiden und in einer Pfanne knusprig anrösten. Die Hühnerleber gründlich waschen, trockentupfen und in der Küchenmaschine pürieren. Die Petersilie gründlich waschen, trockenschütteln und fein hacken. Alle Zutaten für die Füllung miteinander vermischen, kräftig würzen. Die Fasane waschen und trockentupfen. Mit der Masse füllen und die Bauchöffnungen mit Küchenzwirn zunähen. Das Gemüse schälen, putzen, waschen und in Stücke schneiden. Den Backofen auf 200 °C vorheizen.

Zubereitung

Das Gemüse in eine große Kasserolle legen und mit dem Wildfond aufgießen, mit Salz und Pfeffer würzen. Die Fasane darauf legen und das Fleisch mit dem Ahornsirup bestreichen. Die Butterflöckchen darauf setzen und im Backofen etwa 40 Minuten braten lassen. Dabei immer wieder mit dem Bratensaft begießen. Die Fasane aus dem Topf nehmen und warm stellen. Das Gemüse mit dem Weißwein verfeinern, nochmals kurz aufkochen lassen und die Crème fraîche unterrühren, gegebenenfalls nochmals mit Salz und Pfeffer würzen.

Servieren

Das Gemüse auf einer großen Platte anrichten, die Fasane darauf setzen und mit dem Preiselbeerkompott garniert servieren. Die Fasane erst am Tisch tranchieren. Dazu Kartoffelpüree reichen.

Merkzettel

Auch andere Füllungen sind möglich. Lassen Sie Ihrer Fantasie freien Lauf.

Rebhühner auf Apfelsauerkraut

Für 4 Personen
Zubereitungszeit: 40 Minuten
Brat- & Kochzeit: 45 Minuten

Einkaufsliste/Zutaten

50 g Speck
2 große Äpfel
1 kleine Zwiebel
4 küchenfertige Rebhühner
6 Scheiben Schinkenspeck
2 El Butterschmalz
600 g Sauerkraut
1 Glas Weißwein
1 Lorbeerblatt
4 – 6 Wacholderbeeren
Salz
Pfeffer
40 g Butterflöckchen

Garnierung

Einige karamellisierte Apfelscheiben

Vorküche

Den Speck in kleine Stücke schneiden. Die Äpfel waschen, halbieren, vom Kerngehäuse befreien und in Stücke schneiden. Die Zwiebel schälen und in feine Würfel schneiden. Die Rebhühner gründlich waschen, trockentupfen und die Innenseite salzen. Mit den Schinkenspeckscheiben umwickeln.

Zubereitung

In einem Topf 1 El Butterschmalz nicht zu stark erhitzen und den Speck darin glasig andünsten. Sauerkraut, Äpfel, Zwiebel, Weißwein und Gewürze dazugeben und alles bei mittlerer Hitze etwa 20 Minuten köcheln lassen. Zwischenzeitlich die Rebhühner in 1 El Butterschmalz nicht zu stark und nur kurz anbraten. Das Apfelsauerkraut in eine Auflaufform füllen, die angebratenen Rebhühner darauf setzen, mit den Butterflöckchen belegen und im Backofen etwa 25 Minuten gar dünsten.

Servieren

Die Auflaufform zu Tisch bringen und mit den karamellisierten Apfelscheiben garniert servieren. Dazu einen gekühlten Weißwein reichen.

Merkzettel

Die Jagdzeit für Rebhühner ist vom 1. September bis zum 15. Dezember.

Wachteln im Speckmantel

Für 4 Personen
Zubereitungszeit: 30 Minuten
Bratzeit: 25 Minuten

Einkaufsliste/Zutaten

8 Wachteln
Salz
Pfeffer
16 Scheiben magerer, geräucherter Speck
(dünn geschnitten)
2 kleine Zwiebeln
100 g Backpflaumen
2 El Butterschmalz
400 ml milder Weißwein
2 El Crème fraîche

Garnierung

Einige in Calvados eingelegte Backpflaumen

Vorküche

Die Wachteln waschen, gut trockentupfen, leicht von innen salzen und rundherum mit Pfeffer würzen. Die Wachteln mit jeweils zwei Speckscheiben fest umwickeln. Gegebenenfalls mit Küchenzwirn festbinden. Die Zwiebeln schälen und in kleine Würfel schneiden. Die Backpflaumen in feine Streifen schneiden.

Zubereitung

In einem großen Bräter das Butterschmalz erhitzen und die Wachteln darin von allen Seiten anbraten. Die Zwiebeln dazugeben und kurz anrösten. Mit dem Weißwein ablöschen und die Pflaumen zufügen. Mit geschlossenem Deckel etwa 20 Minuten bei mittlerer Hitze köcheln lassen. Die Wachteln aus dem Topf nehmen und kurz warm halten. Den Bratensaft loskochen und mit Crème fraîche verfeinern. Die Soße mit Salz und Pfeffer abschmecken.

Servieren

Die Soße als Spiegel auf einer Platte verteilen, die Wachteln darauf setzen und mit den Backpflaumen garniert servieren. Dazu Stangenweißbrot oder Kroketten reichen.

Merkzettel

Wachteln sind häufig schwer zu bekommen. Anstelle von Wachteln können Sie für dieses Gericht auch Stubenküken verarbeiten.

Wildentenbrust mit Kartoffelgratin

Für 4 Personen
Zubereitungszeit: 1 Stunde
Bratzeit: 10 bzw. 40 Minuten

Einkaufsliste/Zutaten

Für das Kartoffelgratin

1 kg fest kochende Kartoffeln
Salz
475 ml Sahne

Für die Entenbrust

4 Entenbrüste
Salz
Pfeffer

Für die Soße

250 ml Rotwein
125 ml Portwein
125 ml Johannisbeercassis
50 g geeiste Butter

Garnierung

Einige Petersiliensträußchen

Vorküche

Die Kartoffeln schälen, waschen und in der Küchenmaschine mit der feinen Scheibe in dünne Scheibchen schneiden. In eine Auflaufform schichten, dabei jede Schicht etwas salzen und mit Sahne bedecken. Das Gratin sollte reichlich mit Sahne bedeckt sein. Das Fleisch waschen, gut trockentupfen und von überflüssigem Fett befreien, wobei die Fettseite erhalten bleiben sollte, also nicht zu viel weg schneiden. Den Backofen auf 200 °C vorheizen.

Zubereitung

Das Kartoffelgratin in den Backofen geben und etwa 40 Minuten backen lassen. Sollten die Kartoffeln zu braun werden, mit Alufolie abdecken. Die Wildentenbrüste ohne Fett in einer heißen Pfanne von der Fettseite aus kräftig anbraten. Dadurch wird so viel Fett freigesetzt, dass das Fleisch kein zusätzliches Bratenfett benötigt. Das Fleisch drehen und auch von der anderen Seite kurz anbraten. Die Hitze etwas reduzieren und die Entenbrüste etwa 8 Minuten im eigenen Fett braten lassen, mit Salz und Pfeffer würzen. Das Fleisch sollte innen noch rot sein. Das Entenfleisch aus der Pfanne nehmen und in Alufolie gewickelt warm halten, ruhen lassen. Zwischenzeitlich die Weine und das Cassis in einem Topf aufkochen und bei mittlerer Hitze einkochen lassen. Die Hitze reduzieren und die Soße mit der geeisten Butter binden. Das Fleisch aus der Folie wickeln und in Scheiben schneiden.

Servieren

Das Fleisch auf einer Fleischplatte anrichten, mit der Soße begießen und mit den Petersiliensträußchen garnieren. Das Kartoffelgratin in der Auflaufform zu Tisch bringen und dazu einen trockenen Rotwein servieren.

Merkzettel

Wenn Sie das Kartoffelgratin etwas herzhafter mögen, geben Sie etwas geriebenen Käse, z. B. Emmentaler, dazu.

Wildentenragout

Für 4 Personen
Zubereitungszeit: 30 Minuten
Bratzeit: ca. 1 ¼ Stunden

Einkaufsliste/Zutaten

1 Wildente
Salz
Pfeffer
Jeweils 2 Nelken und Pimentkörner
2 Kohlrabi
2 Zwiebeln
Jeweils ½ Bund frisches Thymian, Majoran, Beifuß
2 El Butterschmalz
400 ml Wildfond
1 Glas Portwein
2 El saure Sahne

Garnierung

1 El gehackte Petersilie

Vorküche

Die Ente gut von innen und außen waschen, trockentupfen und in vier Teile zerlegen. Die Teile salzen und pfeffern. Nelken und Pimentkörner im Mörser zerstoßen. Die Kohlrabi schälen, von den holzigen Bestandteilen befreien, waschen und in kleine Stücke schneiden. Die Zwiebeln schälen und in kleine Würfel schneiden. Die Kräuter mit Küchenzwirn zusammenbinden. Den Backofen auf 120 °C vorheizen.

Zubereitung

Das Butterschmalz in einem Bräter erhitzen und die Ententeile darin goldbraun anbraten. Mit dem Wildfond ablöschen, die Gewürze und Kräuter dazugeben und im Backofen etwa 60 Minuten schmoren lassen. Dabei die Ententeile hin und wieder drehen. Nach dieser Zeit das Gemüse und die Zwiebeln dazugeben und alles weitere 20 Minuten schmoren lassen, bis das Gemüse bissfest ist. Das Fleisch aus dem Bräter nehmen und in Alufolie gewickelt warm halten. Jetzt auch das Kräuterbündel entfernen. Das Gemüse mit Portwein aufgießen, die Sahne untermischen und nochmals kurz aufkochen lassen. Mit Salz und Pfeffer abschmecken. Ist das Ragout zu dünnflüssig, mit etwas Mehlbutter binden. Das Fleisch von den Knochen lösen und in mundgerechte Stücke schneiden. Die Fleischstücke zu dem Gemüse geben und unterheben.

Servieren

Das Wildentenragout in eine Terrine füllen, mit der Petersilie garnieren und mit frischen Salzkartoffeln servieren.

Merkzettel

Das Wildentenragout können Sie auch mit anderen Zutaten anstelle der Kohlrabi, z. B. Esskastanien und Pflaumen oder auch Mohren, zubereiten.

Wachteln in Weißweinsoße

Für 4 Personen
Zubereitungszeit: 10 Minuten
Bratzeit: 25 Minuten

Einkaufsliste/Zutaten

8 Wachteln (küchenfertig)
Salz
Pfeffer
2 El Butterschmalz
250 ml milder Weißwein
125 ml Traubensaft
30 g geeiste Butter

Garnierung

1 Tl gehackte Petersilie

Vorküche

Die Wachteln waschen und gut trockentupfen, von innen und außen mit Salz und Pfeffer würzen.

Zubereitung

In einem ausreichend großen Bräter das Butterschmalz erhitzen. Die Wachteln im heißen Fett rundherum anbraten. Mit Wein und Traubensaft ablöschen und bei mittlerer Hitze 20 Minuten köcheln lassen. Die Wachteln aus dem Topf nehmen und in Alufolie gewickelt warm halten. Den Bratenfond loskochen, gegebenenfalls noch etwas einkochen lassen, mit Salz und Pfeffer abschmecken und mit der geeisten Butter binden.

Servieren

Die Weißweinsoße als Spiegel auf einer Platte verteilen. Die Wachteln darauf setzen und mit der Petersilie garnieren. Dazu frisches Weißbrot und einen gut gekühlten Weißwein servieren.

Merkzettel

Nehmen Sie nur jeweils eine Wachtel pro Person, können Sie dieses Gericht hervorragend als Vorspeise servieren.

Wildfischgerichte

Felchenfilet in Weißwein-Salbei-Soße

Für 4 Personen
Zubereitungszeit: 15 Minuten
Brat- & Kochzeit: 10–12 Minuten

Einkaufsliste/Zutaten

6–8 Felchenfilets (je nach Größe)
1 Bund Salbei
1 Schalotte
1 El Butterschmalz
Salz
Pfeffer
200 ml Weißwein
1 Becher Crème fraîche
50 geeiste Butter

Garnierung

Einige Salbeiblättchen

Vorküche

Den Fisch waschen und trockentupfen. Falls das Fischfilet noch ein Hautseite trägt, diese belassen. Den Salbei waschen, trockenschütteln und in feine Streifen schneiden. Die Schalotte schälen und fein hacken.

Zubereitung

In einer Pfanne das Butterschmalz erhitzen und den Fisch darin von allen Seiten, falls vorhanden zuerst von der Hautseite, anbraten, mit Salz und Pfeffer würzen. Mit dem Weißwein ablöschen, den Salbei dazugeben und alles etwa 8 Minuten bei mittlerer Hitze köcheln lassen. Den Fisch aus der Pfanne nehmen und warm stellen. Den Sud kurz aufkochen lassen, Crème fraîche einrühren und mit Salz und Pfeffer würzen. Die Hitze reduzieren und mit der geeisten Butter binden.

Servieren

Die Felchenfilets auf einer Fischplatte anrichten, mit der Soße begießen und mit den Salbeiblättchen garnieren. Dazu Salzkartoffeln und einen gut gekühlten Weißwein reichen.

Merkzettel

Felchen ist ein forellenähnlicher Lachsfisch und kann bis zu 3 kg schwer werden.

Garnelen

Für 4 Personen
Zubereitungszeit: 15 Minuten
Bratzeit: 5 Minuten pro Portion

Einkaufsliste/Zutaten

2 kg frische, küchenfertige Garnelen
(ersatzweise auch tiefgekühlt, sind etwas billiger)
1 Bund Petersilie
6 – 8 Knoblauchzehen
2 Gläser Weißwein
Salz
Pfeffer
Pflanzenöl

Garnierung

Zitronenscheiben

Vorküche

Die Garnelen waschen und trockentupfen. Die Petersilie gründlich waschen, trockenschütteln und fein hacken. Die Knoblauchzehen pellen und durch die Knoblauchpresse drücken. Petersilie, Knoblauch und Wein verrühren und mit Salz und Pfeffer würzen.

Zubereitung

Pflanzenöl in einer Pfanne erhitzen und die Garnelen (nicht alle, hier muss portionsweise gearbeitet werden) darin kurz anbraten. Mit etwas Weißweinmischung ablöschen und etwa 3 Minuten in dem Sud schmoren lassen. Aus der Pfanne nehmen, warm stellen und die restlichen Garnelen weiter so verarbeiten, bis alle aufgebraucht sind.

Servieren

Die Garnelen auf eine große Platte legen, mit der restlichen Tunke begießen und mit den Zitronenscheiben garnieren. Dazu frisches Weißbrot und einen gut gekühlten Weißwein reichen.

Merkzettel

Kaufen Sie küchenfertige Garnelen, so ersparen Sie sich das lästige „Pulen".

Heilbuttsteak mit Senfsoße und Butterkartoffeln

Für 4 Personen
Zubereitungszeit: 50 Minuten
Garzeit: 15 Minuten

Einkaufsliste/Zutaten

2 kleine Zwiebeln
1 Bund Estragon
600 g Kartoffeln (möglichst klein und von gleicher Größe)
1 El Butterschmalz
125 ml Weißwein
200 ml Fischfond
Salz
Pfeffer
4 Heilbuttsteaks
2 El Butter
1 El Mehl
100 ml Sahne
3 – 4 El scharfer Senf (z. B. Löwensenf)

Garnierung

Einige Estragonblättchen

Vorküche

Die Zwiebeln schälen und in feine Würfel schneiden. Estragon abbrausen und trockenschütteln. Die Kartoffeln waschen und in der Schale gar kochen. Dann abgießen, unter kaltem Wasser abschrecken, pellen, quer halbieren und zugedeckt beiseite stellen.

Zubereitung

Butterschmalz in einer hohen Pfanne erhitzen und die Zwiebeln darin glasig andünsten. Mit Wein ablöschen und einkochen lassen. Fischfond und Estragon dazugeben, aufkochen lassen und mit Salz und Pfeffer würzen. Die Heilbuttsteaks in den Fond legen und bei kleiner Hitze etwa 15 Minuten garen lassen. Den Fisch aus der Pfanne nehmen und warm stellen. Den Sud durchsieben. In einem Topf die Butter nicht zu stark erhitzen, das Mehl darin anschwitzen und rasch mit dem Fischsud nach und nach ablöschen. Dabei kräftig mit dem Schneebesen durchrühren. Vorsicht mit der Hitze, Mehlschwitze brennt leicht an. Sahne und Senf einrühren und kurz aufkochen lassen. Mit Salz und Pfeffer abschmecken. Zwischenzeitlich in einer zweiten Pfanne Butter erhitzen und die Kartoffelhälften darin leicht anbräunen, erst zum Schluss mit Salz und Pfeffer würzen.

Servieren

Die Heilbuttsteaks auf einer Fischplatte anrichten, mit der Soße begießen und mit den Estragonblättchen garnieren. Die Butterkartoffeln in einer Schüssel heiß zu Tisch bringen. Dazu ein kühles Pils servieren.

Merkzettel

Estragon ist getrocknet unbegrenzt haltbar.

Kabeljau mit Kartoffelkruste

Für 4 Personen
Zubereitungszeit: 40 Minuten
Backzeit: 30 Minuten

Einkaufsliste/Zutaten

500 g mehlig kochende Kartoffeln
1 Bund Petersilie
5 Tomaten
800 g Kabeljaufilets
Salz
½ Becher Sahne
1 Ei
Pfeffer
5 Tl Butter
3 El geröstete Mandelblättchen

Garnierung

Geviertelte Tomaten

Vorküche

Die Kartoffeln gründlich waschen und mit der Schale weich kochen. Die Petersilie waschen, trockenschütteln und fein hacken. Die Tomaten waschen, trockentupfen und in Scheiben schneiden. Den Fisch waschen, gut trockentupfen und mit Salz bestreuen. Den Backofen auf 180 °C vorheizen.

Zubereitung

Die gekochten Kartoffeln abgießen, abschrecken und pellen. Die Kartoffeln durch eine Kartoffelpresse drücken und mit Sahne, Petersilie, Ei, Salz und Pfeffer vermischen. Den Kartoffelbrei in eine Spritztüte füllen. Eine Auflaufform mit etwa 1 Tl Butter ausbuttern, etwas von dem Kartoffelbrei auf den Boden füllen und gleichmäßig verteilen. Die Tomaten auf die Masse schichten und den Fisch darauf legen. Den Kartoffelbrei gleichmäßig in beliebigem Muster auf dem Fisch verteilen. Abschließend die Mandelblättchen darüber streuen und einige Butterflöckchen darauf setzen. Das Ganze im Backofen etwa 30 Minuten goldgelb backen lassen.

Servieren

Das Kabeljaufilet mit Kartoffelkruste in der Form zu Tisch bringen und mit den Tomatenvierteln garniert servieren. Dazu einen frischen grünen Salat und ein würziges, gut gekühltes Bier reichen.

Merkzettel

Wenn Sie Muskatnuss mögen, geben Sie etwas davon in das Kartoffelpüree.

Rotbarschfilets mit Kresseschaum

Für 4 Personen
Zubereitungszeit: 35 Minuten
Back- & Bratzeit: einige Minuten

Einkaufsliste/Zutaten

4 Rotbarschfilets
Salz
Pfeffer
1 Zwiebel
2 Schalen Brunnenkresse
3 El Butter
1 El Butterschmalz
100 ml Weißwein
200 ml Gemüsebrühe
1 Becher Schlagsahne

Garnierung

Brunnenkresseblättchen

Vorküche

Den Fisch waschen, gut trockentupfen und mit Salz und Pfeffer würzen. Die Zwiebel schälen und in feine Würfel schneiden. Die Brunnenkresse mit einer Schere aus den Schalen schneiden. Alufolie in vier gleich große Stücke schneiden, sodass die Fischfilets darin eingewickelt werden können, und mit etwas Butter bestreichen. Den Backofen auf 150 °C vorheizen.

Zubereitung

Butterschmalz in einer Pfanne erhitzen und den Fisch darin von beiden Seiten kurz anbraten. Den Fisch in Alufolie wickeln und im Backofen etwa 10 Minuten garen lassen. Das Bratfett in einen Topf schütten, nun die Zwiebeln darin glasig andünsten, mit dem Wein ablöschen und aufkochen lassen. Gemüsebrühe und Sahne dazugeben und alles etwa 10 Minuten bei mittlerer Hitze einkochen lassen. Die restliche Butter dazugeben und Brunnenkresse einrühren. Den Topf von der Herdplatte ziehen und die Soße mit dem Pürierstab schaumig pürieren. Den Kresseschaum mit Salz und Pfeffer würzen.

Servieren

Die Rotbarschfilets auf einer Fischplatte anrichten, mit der Soße begießen und mit Kresseblättchen garnieren. Dazu Salzkartoffeln reichen.

Merkzettel

Dieses Gericht können Sie selbstverständlich auch mit einem anderen Fisch zubereiten.

Rotbarschfilets im Lauchbett

Für 4 Personen
Zubereitungszeit: 30 Minuten
Koch- & Backzeit: 26 Minuten

Einkaufsliste/Zutaten

4 Rotbarschfilets
3 Lauchstangen
2 Becher Sahne
1 Becher Schmand
1 Ei
Salz
Pfeffer
1 Tl Butter

Garnierung

Einige Petersiliensträußchen

Vorküche

Den Fisch waschen und gut trockentupfen. Lauchstangen von den äußeren Blättern befreien, gründlich waschen und in Ringe schneiden. Den Backofen auf 200 °C vorheizen.

Zubereitung

Die Lauchringe in wenig Salzwasser etwa 6 Minuten nicht zu weich kochen. Zwischenzeitlich Sahne, Schmand und Ei miteinander verquirlen und mit Salz und Pfeffer würzen. Eine Auflaufform ausbuttern. Die Hälfte des Lauchgemüses auf den Auflaufboden verteilen, die Hälfte der Sahnemischung auf das Gemüse geben, die Rotbarschfilet darauf legen, mit dem restlichen Gemüse bedecken und abschließend wieder mit der Sahnemischung bedecken. Die Auflaufform in den Backofen schieben und etwa 20 Minuten garen lassen.

Servieren

Rotbarschfilet im Lauchbett in der Form zu Tisch bringen und mit Petersiliensträußchen garnieren. Dazu Salzkartoffeln und ein kühles Bier reichen.

Merkzettel

Anstelle von Lauch können Sie auch Möhren oder anderes Gemüse verwenden.

Wildlachs in Sahne mit Nudeln

Für 4 Personen
Zubereitungszeit: 10 Minuten
Kochzeit: 20 Minuten

Einkaufsliste/Zutaten

300 g frischer Wildlachs
1 Limone
600 g Nudeln (Ihrer Wahl)
3 Becher Sahne
Salz
Pfeffer

Garnierung

Einige Dillspitzen

Vorküche

Den Lachs in mundgerechte Stücke schneiden.
Die Limone auspressen.

Zubereitung

Die Nudeln in ausreichend Salzwasser bissfest gar kochen. In einem Sieb abtropfen lassen. Zwischenzeitlich die Sahne in einem Topf zum Kochen bringen. Achtung, kocht leicht über. Den Limonensaft dazugießen und mit Salz und Pfeffer würzen. Die Wildlachsstücke in die Sahne geben und auf mittlerer Hitze etwa 10 Minuten garen lassen.

Servieren

Den Wildlachs in Sahne in eine Terrine füllen und mit Dillspitzen garnieren. Die Nudeln in eine Schüssel füllen und heiß servieren. Wer möchte, gibt die Nudeln direkt in die Soße und vermischt alles vorsichtig miteinander und gibt das Gericht portionsweise auf die Teller.

Merkzettel

Sie können anstatt der Limone auch eine Zitrone nehmen.

Wildlachssteaks mit Gorgonzolaspinat

Für 4 Personen
Zubereitungszeit: 25 Minuten
Koch- & Grillzeit: 30 Minuten

Einkaufsliste/Zutaten

750 g Blattspinat (tiefgekühlt)
600 g Kartoffeln
1 Knoblauchzehe
300 g Gorgonzola
4 Wildlachssteaks (à 200 g)
Salz
Pfeffer
40 g Butter
500 ml Milch

Garnierung

Zitronenviertel

Vorküche

Den Blattspinat nach Packungsanweisung garen. Die Kartoffeln schälen, waschen und in etwa 4 cm große Stücke schneiden. Die Knoblauchzehe pellen und durch die Knoblauchpresse drücken. Gorgonzola in kleine Stücke schneiden. Die Lachssteaks waschen, säubern, trockentupfen und mit Salz und Pfeffer würzen. Jedes Steak mit jeweils 1 Tl Butter belegen. Den Backofengrill auf 220 °C vorheizen.

Zubereitung

Die Kartoffeln in der Milch etwa 20 Minuten weich kochen. Mit Salz und Pfeffer würzen. Zwischenzeitlich den Backofenrost mit Alufolie belegen und die Steaks darauf legen. Unter dem Grill etwa 10 Minuten garen lassen. Dabei den Fisch einmal vorsichtig drehen. Den gekochten Blattspinat mit den Händen ausdrücken und mit Salz und Knoblauch vermischen. Wenn die Kartoffeln gar sind, den Spinat dazugeben und gut unterrühren. Den Käse dazugeben, unterrühren und schmelzen lassen.

Servieren

Die Wildlachssteaks auf einer Fischplatte anrichten und mit den Zitronenvierteln garnieren. Den Gorgonzolaspinat in eine Schüssel füllen und mit einem gut gekühlten Weißwein servieren.

Merkzettel

Wenn Sie mögen, belegen Sie die Steaks mit Kräuterbutter. Dadurch wird der Fisch herzhafter im Geschmack.

Reibekuchen mit Wildräucherlachs

Für 4 Personen
Zubereitungszeit: 30 Minuten
Bratzeit: 4 Minuten pro Portion

Einkaufsliste/Zutaten

100 g fest kochende Kartoffeln
1 große Zwiebel
2 El Mehl
2 Eier
Salz
Pfeffer
Öl
Geräucherter Wildlachs in Scheiben geschnitten, Menge nach Belieben
Einige Dillspitzen

Vorküche

Die Kartoffeln waschen, schälen und reiben. (Mit der Küchenmaschine vereinfacht man diese Arb ungemein.) Die Zwiebeln schälen und in feine Würfel schneiden. Die Kartoffelmasse ausdrücken dabei die Kartoffelstärke belassen und mit Mehl, Eiern, Zwiebel, Salz und Pfeffer vermischen.

Zubereitung

In einer Pfanne ausreichend Öl erhitzen, die Reibekuchen müssen in Öl „schwimmen".
Mit einem Löffel Teighäufchen in das heiße Öl geben, diese flach drücken und auf beiden Seiten goldgelb braten. Die fertigen Reibekuchen auf Küchenpapier abtropfen lassen.

Servieren

Auf einer Fischplatte den Wildräucherlachs anrichten und mit den Dillspitzen garnieren.
Die heißen Reibekuchen sofort zu Tisch bringen. Jeder kann sich nun seinen eigenen Reibekuche mit Wildräucherlachs belegen. Dazu einen gut gekühlten Prosecco servieren.

Merkzettel

Wer mag, kann den Reibekuchen zusätzlich mit Sahnemeerrettich bestreichen.

Register